Anonymous

Schreckliche Verwüstung der Bayerischen Pfalz

und anderer Provinzen der beiden deutschen Rheinufer durch die Franzosen

Anonymous

Schreckliche Verwüstung der Bayerischen Pfalz
und anderer Provinzen der beiden deutschen Rheinufer durch die Franzosen

ISBN/EAN: 9783743374232

Hergestellt in Europa, USA, Kanada, Australien, Japan

Cover: Foto ©ninafisch / pixelio.de

Manufactured and distributed by brebook publishing software
(www.brebook.com)

Anonymous

Schreckliche Verwüstung der Bayerischen Pfalz

Schreckliche Verwüstung

der

Bayerischen Pfalz

und anderer Provinzen

der

beiden deutschen Rheinufer

durch die Franzosen.

Ein

geschichtlicher Warnungsspiegel für Deutschland.

———•◆•———

1860.

Verlag von Franz Datterer in Freysing.

„Ich bin kein Sclave meiner Worte"

hat Kaiser Napoleon I. gesagt, und Kai=
ser Napoleon III. macht es auch so. Beide
haben jedoch diesen bequemen Sinnspruch
nicht selbst erfunden, sondern im französischen
Reichsarchive zu Paris als einen Wahl=
spruch des Königs Ludwig XIV. von Frank=
reich entdeckt, auf den er sich von einigen
seiner Vorfahren fortgeerbt hatte.

Am 16. August 1684 wurde auf dem
Reichstage zu Regensburg im Beisein
aller Gesandten und Bevollmächtigten nach
reiflicher Ueberlegung und im besten Ein=
verständnisse ein 20=jähriger Friede
oder sogenannter Waffenstillstand zwi=
schen dem römischen Kaiser und dem römi=
schen Reiche einerseits; und dem Könige

1

Ludwig XIV. von Frankreich andererseits, feierlich geschlossen und beschworen.

König Ludwig hatte einen tüchtigen Minister, aber schlechten Menschen, den Marquis von Louvois, welcher wohl wußte, daß ihn jener nicht liebe, sondern nur wegen seiner Brauchbarkeit behalte. Um sich nun dem Könige unentbehrlich zu machen, verwickelte er ihn in gefährliche Kriege. Die Frau von Maintenon, Geliebte des Königs und späterhin auf die linke Hand angetraute Gemählin desselben, hatte auf den König einen außerordentlichen Einfluß. Mit innerem Grimme bemerkte Louvois, daß sein Ansehen bei dem Könige abnahm. Louvois führte auch die Oberaufsicht über die königlichen Gebäude.

Der König ließ damals das Lustschloß Trianon bei Versailles bauen, und äußerte einst gegen Louvois, daß ein Fenster nicht so groß sei wie die übrigen. Der Minister widersprach hartnäckig, so daß der König endlich die Fenster durch den Baumeister Le Nôtre messen ließ. Es fand sich, daß Louvois Unrecht hatte. Der durch den Streit gereizte König ließ ihn daher in Gegenwart der Arbeiter hart an.

Louvois sagte bald darauf zu einem andern ihm vertrauten Minister: „Der König fängt an, sich um Alles bekümmern zu wollen; man muß ihm durch einen Krieg etwas zu thun geben, und bei Gott! er soll Krieg haben!"

In Folge dieses Entschlusses, welcher eigentlich durch ein ungleiches Fenster veranlaßt wurde, fielen Hunderttausende durch das Schwert. Frankreich hat durch einen vertrags- und eidbrüchigen Einfall in Deutschland im Jahre 1689 ganz Europa gegen sich bewaffnet. Louvois ahnte nicht, daß er dadurch sich selbst stürzen würde. Die Art, wie er den Krieg führen ließ, schändete die Ehre des Königs von Frankreich und seiner Feldherren, und machte

den Namen der Franzosen in ganz Europa
verhaßt. Unter dem Vorwande, die Gren=
zen Frankreichs durch eine Wüste sicher
zu stellen, um den Feind an der Errichtung
von Waffenplätzen zu verhindern, ließ Lou=
vois in den Jahren 1688 und 1689 die
Bayersche Pfalz und andere Pro=
vinzen der beiden deutschen Rhein=
ufer in Wüsteneien verwandeln.

Weil sich im Laufe der Zeiten Alles
wiederholen kann, soll zur ernsten War=
nung für alle Deutschen hier in
Kürze erzählt werden, auf welche gräßliche
Weise der teuflische Auftrag des Ungeheuers
Louvois von französischen Räuber= und
Mordbrennerbanden vollzogen wurde.

Kaiserslautern

kam zuerst und noch leiblich an die Reihe.
Am 15. September 1688 erschienen vor die=
ser Stadt 12,000 Franzosen unter der An=
führung des Generallieutenants Bouff=

lers und des La Bretehe. Die bayerische Besatzung und die Bürger wehrten sich tapfer, schlugen zwei Stürme ab, und tödteten gegen 600 Franzosen. Aus Mangel an Streitern und Munition mußte die Stadt capituliren. Der Churpfälzische Commandant, Oberstlieutenant Berckens, zog aus am 29. September nebst der nur aus 200 Mann bestehenden Garnison, mit Sack und Pack, Ober= und Untergewehr, nach Kriegsgebrauch, und wurde von 130 französischen Reitern nach Heidelberg geführt. Im November darauf geschah die Demolirung der Festungswerke dieser Stadt durch die Franzosen.

Nach gewaltsamer Zerstörung von verschiedenen andern Orten begann die Schreckenszeit für die Stadt

Speier.

Am 28. September 1688 um 11 Uhr Mittags traten zwei vornehme französische

Offiziere in die Rathsstube mit dem un=
verschämten Begehren, angeblich auf Befehl
ihres Königs: „die Stadt sollte entweder
den König von Frankreich, der ihnen die
Fortdauer aller ihrer Rechte verbürge, als
Protector annehmen, oder Plünderung und
alles Ungemach zu erbulden haben." Die
Behörden mußten gleichwohl einwilligen,
und noch am nämlichen Tage zogen die
beiden Regimenter R o h a n und F l o t e n=
s a c ein. Die Gewaltthaten nahmen bald
ihren Anfang. Französische Abgeordnete
leerten die Geldkassen der bischöflichen Kanz=
lei= und Rentkammer, verkauften den Wein
aus dem bischöflichen Keller, und schleppten
die Kameralakten in mehr als 560 Kisten
und Fässern nach S t r a ß b u r g. Die Ein=
dringlinge machten sich an das Einreißen
der Stadtmauer an den Vorstädten, des
Wormser= und Kreuzthores und anderer
Thürme. Sie drangen in die Häuser, er=
brachen Kisten und Truhen der Bürger,
stahlen daraus das Beste, wobei ihnen
schlechtes Gesindel aus der Stadt verräthe=

risch Beistand leistete. Hab und Gut der aus Schrecken geflüchteten Wittwen und Waisen fand keine Schonung.

Denkwürdige alte Gebäude: das Alt=pförtlein, das Weidenthor und der weiße Thurm wurden nebst der Mauer niedergerissen, womit täglich über 200 Bür=ger und 100 Soldaten beschäftigt waren. Die Gebetglocken wurden nach Landau ge=führt, und alle Anstalten getroffen, das köstliche Gebäude, die Pfalz genannt, so wie den künstlichen, uralten und reichsbe=rühmten Oelberg, dann den schönen, großen Albertusthurm, und zwar die=sen mit 6 Centnern Pulver, obgleich der Ge=neral Duras die Schonung desselben aus=drücklich der Stadt versprochen hatte, in die Luft zu sprengen.

Am 13. Mai 1689 Abends 8 Uhr wurde dem Stadtmagistrate, Zunftmeister und an=gesehensten Bürgern durch den angekomme=nen General=Intendanten de La Fond in

Gegenwart des Generals von Monclas
auf der neuen Stube angekündigt: „daß
sie innerhalb 6 Tagen vermöge königlichen
Befehls mit Weib und Kind, Sack und
Pack, die Stadt verlassen müßten, da der
König seine Soldaten auf eine andere Art,
als zur Bewachung der Stadt, verwenden
wolle." Dazu kam noch, daß Niemand die
Erlaubniß erhielt, über den Rhein zu ziehen,
sondern Alle sollten sich nach Ober=Elsaß,
Burgund oder Lothringen begeben und dort
häuslich niederlassen. Zu diesem Zwecke
waren bereits einige hundert Fuhren bestellt,
deren sich die Bürger zwangsweise bedienen
mußten. Der Statthalter bat vergebens,
ein Paar Geistliche für den Gottesdienst im
Dome behalten zu dürfen, was ihm als
überflüßig verweigert wurde, da kein ein=
ziger Mensch in der Stadt blei=
ben dürfe.

Der hierüber in der ganzen Stadt ent=
standene schreckliche Jammer ist gar nicht
zu beschreiben. Der Magistrat, alle Bürger,

worunter sich Männer von 60 und 70 Jah=
ren befanden, mehr als 200 Weiber in ge=
segneten Umständen, Kindbetterinnen seit 2,
3 und 4 Tagen, mehrere Hunderte der klein=
sten Kinder, die Nonnen aus 2 Klöstern
und die Kapuziner flehten den de la Fonh
und von Monclas fußfällig um Gnade
und Schonung an, mindestens um Verlän=
gerung der Abzugsfrist und um die Erlaub=
niß, sich über den Rhein begeben zu dürfen.
Alle Bitten und Thränen halfen nichts.

Da keine Barmherzigkeit zu erlangen
war, wagten es Einige im Namen Gottes,
sich und die Ihrigen mit ihren Habselig=
keiten über den Rhein zu retten, was auch
Vielen gelungen ist. Als dieß die Franzosen
merkten, begannen sie, den Rhein in der
Umgegend mit vielen Wachen zu besetzen.
Auch stellten sie 40 Henkersknechte
in blauen Röcken auf; statt des Wappens
sah man auf denselben Galgen, Rad
und Schwert gestickt. Jeder von diesen
Henkersknechten trug 40 bis 50 Stricke auf

den Schultern; sie mußten in der Stadt umhergehen, und alle auf der Flucht nach dem Rhein Ertappten, oder nach der fest= gesetzten Frist noch in S p e i e r Befindlichen ohne Unterschied, wer sie auch sein möchten, ohne Gnade auf der Stelle a u f h ä n g e n.

Aus Entsetzen über diese Tyrannei er= krankten und starben viele Leute, Andere verkrochen sich mit ihren Kindern in Hecken und Gebüsche. Eine arme Frau mit ihren vier kleinen Kindern saß lange Zeit im Walde, bis sie endlich mit größter Lebens= gefahr und Gottes Hilfe über den Rhein kamen; viele Personen lagen im Ufergebüsche des Rheines versteckt, und wurden von be= kannten Bauern, welche französische Geschütz= kugeln in kleinen Nachen führten, mit Ge= fahr ihres Lebens übergeführt, die Person für 10 Gulden. Die Uebrigen, ungefähr dreitausend Seelen, mußten in das feind= liche Land ziehen.

Als nun die Franzosen sahen, daß un=

geachtet ihrer ausgestellten Wachen dennoch
Mittel gefunden wurden, über den Rhein
zu entkommen, ließen sie am 29. Mai in
der Stadt S p e i e r austrommeln: „daß es
allen Soldaten erlaubt sei, auf die Ein=
wohner von S p e i e r , welche sich über den
Rhein flüchten wollten, J a g d z u m a c h e n ,
sie zu erschießen und zu plündern."
200 Mann durchstreiften alle Hecken und
Gebüsche, und erschossen mehrere Schiffer,
welche bedrängte Flüchtlinge über den Rhein
führen wollten. Einige kamen mit großer
Lebensgefahr in H e i d e l b e r g an, die 30
bis 40. Fuder Wein, ihr baares Vermögen
und ihre Habseligkeiten zurücklassen mußten.

Die zum Transporte der ausgewiesenen
Speierer bestellten Straßburger Fuhrleute
stahlen, was sie nur immer auftreiben konn=
ten, verkauften viele Sachen zu Spottpreisen
an die Franzosen, und schleppten das Ueb=
rige, Hausgeräthe, Wein, Früchte, Oefen,
Fenster, Thüren, Fässer, Linnenzeug, Betten,
Brunnenketten, bleierne Dachrinnen, Zinn,

Kupfer, Eisenwerk, Eimer, Waschkessel u. s. w.
auf ihren Wagen fort. Mit Ausnahme
der Glocken, deren später noch viele von den
Feinden fortgeführt wurden, war nur noch
das Blei auf dem Dache der Domkirche
vorhanden, im Uebrigen die Stadt S p e i e r
vollständig a u s g e p l ü n d e r t.

Der 31. Mai 1689, der zweite Pfingsttag,
war zum V e r b r e n n e n der Stadt S p e i e r
festgesetzt. Einige Tage früher wurde öf=
fentlich ausgetrommelt: „d a ß d e r D o m
n i c h t s o l l t e a n g e z ü n d e t w e r d e n;
die Leute könnten also ihre Betten und
Möbel dorthin in Sicherheit bringen." Dieß
war aber nur eine schändliche Lüge, in der
Absicht, recht viel Brennstoff in den Dom
zu bringen. Eine große Menge Stroh,
Pech, Schwefel und anderes Brandzeug war
bereits in die Stadt gebracht worden. Am
genannten Tage, Mittags 1 Uhr, zündeten
die französischen Mordbrenner zuerst die in
den Dom geflüchteten Gegenstände an, und
zugleich den Dachstuhl desselben. Die Glo=

ckenstühle stürzten krachend ein, und das durch die Hitze geschmolzene Blei des Daches floß wie Wasser auf der Erde umher. Bald stand die ganze Stadt in vollen Flammen, und dieser Brand dauerte zwei Tage lang. Die Chur=Triersche Residenz, gewöhnlich die Pfalz genannt, das prächtige Jesui=ten=Collegium, alle Kirchen, Klöster, Thürme und Häuser wurden in Aschen=haufen verwandelt. Einige Hundert Mann mußten mit Haken und großen Brecheisen alle noch stehenden Mauern, Gewölbe, Brun=nen und Keller, insbesondere die Ueberreste des Domes, vollends zusammenreißen, dabei alles Vergrabene und Eingemauerte aufsuchen und fortschleppen.

Kein Stein stand mehr auf dem andern, wie bei der Zerstörung von Jerusalem!

Attila, der schreckliche König der Hu=nen, den man einen eingefleischten Teufel und die Geißel Gottes nannte,

hat alle nur möglichen Gräuelthaten be=
gangen, aber niemals mit den Todten
Krieg geführt, niemals Gräber aufge=
wühlt und Leichen beraubt und verstüm=
melt. Dieß blieb den Franzosen vorbehalten
unter der Regierung ihres obersten Kriegs=
herrn, des Königs Ludwig des Vier=
zehnten, genannt der Allerchrist=
lichste!

Im Chor der Domkirche zu Speier
standen zwei herrliche Grabmonumente der
salischen Kaiser, jedes aus vier Steinen
bestehend und mit Schranken umgeben. Un=
ter dem ersten Monumente lagen folgende
4 römische Kaiser: 1) Konrad II.,
gestorben 1039; 2) Heinrich III., gest.
den 5. Oktober 1056; 3) Heinrich IV.,
gest. den 7. Aug. 1106; 4) Heinrich V.,
gest. 1125, sohin Vater, Sohn, En=
kel und Urenkel, wie der nachstehende,
in die 4 Grabsteine eingetheilte denkwürdige
lateinische Vers verkündete:

„Filius hic, Pater hic, Avus hic, Proavus …
… jacet …

Unter dem zweiten Monumente ruhten:
1) Philipp, der römische König, früher
Herzog in Schwaben, am 21. Juni 1208
zu Bamberg erstochen; 2) Kaiser Ru-
dolph I., Stammvater des Hauses Habs-
burg, gest. im Juli 1211; 3) Kaiser Albrecht I., sein Sohn, von seinem Neffen
Johann von Schwaben auf der Brücke
von Rheinfelden am 1. Mai 1308 ermor-
det; 4) Adolph von Nassau, gefallen
1298 in der Schlacht bei Gelheim, wo ihn
vorher Albrecht I. mit der Lanze
vom Pferde stürzte. Nur ein Raum von
kaum zwei Spannen trennte im Grabe die-
selben Gegner, die sich im Leben nicht mit-
einander vertragen konnten. …

… Diese zwei denkwürdigen Grab-Monu-
mente wurden zertrümmert, die Gräber auf-
gewühlt, von den französischen Mordbren-
nern … zur Vollstreckung der Befehle …

―――――――――――――――――――
*) „Hier liegen Vater, Sohn, Enkel und Urenkel."

1 *

nen die silbernen Särge geraubt, darin be-
findliche Schmucksachen gestohlen, die Ge-
beine der todten Kaiser umhergestreut, und
der scheußlichste Spott damit getrieben. [...]
[...] ihnen [...]

[...] Franz von Malaisen, die Gemahlin des Königs Ludwig von Frankreich, machte diesen auf solche Gräuel, auf-
merksam, und sprach ihm als eine fromme
Dame stark ins Gewissen. Der König un-
tersagte also seinem Minister von Bois,
welcher auch die Stadt Trier verheeren
wollte, diese Barbarei. Zwei Tage später
[...] in der nämlichen Nachfrage
[...] wir, und sagte höhnisch zum Könige, weil ihn ohne Zweifel einige zarte
Gewissen [...] in die Zerstörung von
Trier einzuwilligen, so habe er, da Sieg
und Mitleiden zwei unvereinbare Dinge
seien [...] Absicht, dem Gewissen
des Königs [...] Unruhe zu ersparen, [...]
auch [...] Vollkommen, und den Eilboten
zur Vollziehung der Befehle bereits abge-
sandt. [...]

* L

Diese Kühnheit reizte den Zorn des Kö=
nigs so sehr, daß er die Feuerzange des Ka=
mins ergriff, und auf den Minister los=
schlagen wollte. Frau von Mainte=
non warf sich zwischen Beide, und Lou=
vois verließ in größter Bestürzung das
Zimmer. Der König rief ihn zurück und
befahl ihm mit funkelnden Augen: „Schi=
ken Sie sogleich einen Courier ab, der zu
rechter Zeit eintreffe; wird auch nur Ein
Haus verbrannt, so haftet Ihr Kopf da=
für!" Der erste Courier war aber noch
nicht abgegangen [...]

Bald darauf reizte Louvois den Kö=
nig wiederholt durch Widerspruch so sehr,
daß dieser nach dem [...] Dieß
untergrub die Gesundheit des [...]
Bösewichts, und er starb den 16. Juli 1691.
Es ist sehr zu bedauern, daß [...]
[...]
[...]
junge Frau, seit 1603 Jahren verheirathet.
[...]

auf ihrer Flucht über den Rhein eingeholt,
entkleidet, viele sogar ihrer Hemden beraubt,
und gefangen fortgeführt. Den Pater Quar-
dian, der Franziskaner, der sich nicht ent-
fernen wollte, rissen sie aus dem Kloster
heraus, und dem Dechanten zu Allerheiligen,
welcher sich weigerte, seinen Zufluchtsort in
einem Keller zu verlassen, zündeten sie das
Haus über dem Kopfe an. Den Statthalter und Domprobst von Rollingen fingen
sie auf seiner Flucht bei Otterstadt und
mehr als 50 Wackersleute wurden in
das französische Gebiet abgeführt, da schin

63. Eine Frau von mehr als hundert
Jahren und viele gebrechliche Personen hatten
auf den Gassen um Gottes Barmherzigkeit
willen unter Angstgeheul kniefällig gefleht,
man möchte sie doch nur aus der Stadt in
einen Wald tragen, in welchem sie gerne
sterben wollten, nur nicht bei so sehen bis
verbrennen lassen. Vergebens! Eine
junge Frau, seit sechs Jahren verheirathet,
hob all ihr Hab und Gut gerettet um ihre

Großmutter, die nicht mehr gehen konnte, mit Lebensgefahr auf ihrem Rücken fort zutragen; durch die Gnade Gottes gelangte sie glücklich über den Rhein. Wenn die französischen Mörder die Leute schon mitten auf dem Rheine fahren sahen, schossen sie noch nach denselben. In den Wäldern lagen viele Hundert arme Leute, Alte, Weiber, der Entbindung nahe, nach Kindbetterinnen und jammerten um Rettung; jene aber, die glücklich über den Rhein gekommen waren, obgleich sie oft nur mit Fetzen ihre Blöße bedecken konnten, fielen auf die Kniee, hoben die Hände zum Himmel empor, und dankten Gott für die Erlösung aus französischer Tyrannei.

Zahllose andere gotteslästerliche Schandthaten der französischen Kirchenräuber, Mörder und Mordbrenner, müssen hier zur Vermeidung von Aergerniß unerzählt bleiben.

Worms

hatte auf Verlangen des Feindes eine fran-

zöfiſche Garniſon aufgenommen, die in kür=
zer Zeit 8000 Mann zählte. Die Stadt=
mauern und Thürme, bis auf zwei von
dieſen, wurden eingeriſſen, alle Ketten von
den Brunnen genommen, das durch die
Stadt fließende Waſſer abgegraben, das
Blei vom Dache des Domes herabgenom=
men, die Früchte rings um die Stadt ab=
gemäht, und die Stadt ſelbſt verbrannt,
am Tage nach dem Brande von Speier,
am dritten Pfingſttage, ſohin am 1. Juni
1689.

Leute, die ſich über den Rhein flüchten
wollten, wurden niedergeſchoſſen, wie Haſen,
ohne Unterſchied des Alters und Geſchlechts,
alle Mauern und Keller in Schutt gelegt, die
Fäſſer angebohrt, daß man knietief im Weine
wätete; der berühmte Dom und die St. Jo=
hanneskirche zu Pferdeſtällen und Schmied=
Werkſtätten benützt, um in dieſen die großen
Brecheiſen zum Einſtürzen der Mauern zu
bereiten, die Monſtranzen mit ihren Ho=
ſttten, die Kelche, Patente, Oblatenſchalen

ein und Bänbchen auf das Kirchenpflaster
geworfen und mit Füßen getreten, und mit
dem heiligen Salböl, sonst auch Chri=
sam genannt, das bei der Taufe, Firmelung
Priesterweihe und letzten Oelung gebraucht
wird, Stiefel und Schuhe geschmiert!
Es war auch es in einem der nächsten
dem Kloster Besten zuletzt noch einige übrig
gebliebene Fischerhäuschen, und die Vorstadt
weggebrannten, fanden sie in Aschen einen gro=
ßen Schatz, der ihnen aber nur kurze Freude
machte.

Johann Mayer, Sohn eines reichen
Schiffers zu Heidelberg, über das Elend
seines lieben Vaterlandes ergrimmt, beschloß,
an den Feinden desselben sich zu rächen. Er
gesellte sich zu den sogenannten Schnap=
hähnen, wie man die Parteigänger in
Kriegszeiten nennt, und bewog viele Schiffknechte
zur Theilnahme. Es gelang ihm durch küh=
nen Muth und Tapferkeit, die französischen
mit kostbarem Raube aus Speier und
Worms beladenen Schiffe auf ihrem Zuge

nach Philippsburg zu ... und somit ihnen ihre Beute zu entreißen. ...

Oppenheim.

Gegen Ende September 1688 erschien ein französischer Marquis an der Spitze von 20 Dragonern vor dem Thore der Stadt, und forderte Uebergabe. Durch furchtbare Drohungen erschreckt, waren die Bürger dazu bereit. ...

Der tapfere Commandant im Schlosse wollte nichts davon hören, und traf alle Anstalten zu muthigem Widerstande. Dennoch begab sich der churpfälzische Landschreiber, ein Mann von feinen Manieren und der französischen Sprache mächtig, vor das Pförtlein am Schlagbaume, und hat im Namen der Bürgerschaft in einer zierlichen und schmeichelhaften Ansprache, die ihn bei dem Feinde sogleich beliebt machte, um Akkord, der auch bewilligt wurde. Graf von Mouncotit, französischer General-Feld-Marschall, ließ bald darauf mit 2000 Dragonern. Der Einzug geschah, und der Marquis von Breteuil ritt vor dem General her nach dem Markte, wo einige hundert Reiter sich aufstellten, und der Bürgermeister die Thorschlüssel überreichte.

Um 9 Uhr Morgens begann eine heftige Beschießung des Schlosses, um 1 Uhr Mittags der Sturm auf das Schloß. Um 2 Uhr wurde die ganze Besatzung zu Kriegsgefangenen gemacht. Der vielvermögende Landschreiber erhielt die Erlaubniß, persönlich einen Barbier zum Verbinden der Verwundeten in das Schloß zu führen, und es gelang seiner Fürbitte, dem Commandanten das Leben zu retten, der unter dem Thore sollte aufgehängt werden.

Es war 3 Uhr Nachmittags, als der General in das Lager hinaus ritt, und dabei befahl, daß den Weinbergen und Gärten von seinen Soldaten kein Schaden dürfe zugefügt werden. Marquis von Breteuil

2

26

und als Gouverneur der Stadt und des Schlosses bei den Bürgern zurück. Was der General versprochen hatte, war nur eitel Lug und Trug; denn im März 1689 begann die Tyrannei ihre Thätigkeit. Die Befestigungen wurden gänzlich geschleift, das Schloß gesprengt, der hohe Thurm daselbst, Landskron genannt, in Trümmer gestürzt, und der schöne Brunnen verschüttet, die Stadtmauern sammt den schönen Thürmen von dem Schlosse an bis an die Moreiserpforte zerstört, Geistliche und Bedienstete wegen nicht bezahlter Contribution in Gefängnisse geschleppt, Vielen, die Hab und Gut verließen, um nur ihr nacktes Leben durch die Flucht zu retten, mit rasender Wuth bis zu dem sogenannten Au-Haus gegen Nackheim nachgesetzt, und da man sie nicht mehr einholen konnte, das genannte Haus mit dem zahlreichen in dasselbe gerettetem Rindvieh verbrannt, und alle Früchte um die Stadt herum abgemacht.

Bereits war von Mainz aus, denn

Hauptquartiere der französischen Mordbren-
nerbande, der Befehl eingetroffen, daß, wenn
dort die Glocken geläutet und ein Signal-
schuß gegeben würde, alle Orte, darunter
auch Oppenheim, zu gleicher Zeit angezündet und verbrannt werden sollten.

Dieß geschah auch, und war am 31. Mai
1689, an welchem Tage Speier, Worms
und Oppenheim in hellen Flammen auf-
loderten, und in Asche sanken.

Mainz

mit seinen schönen Gebäuden, am untern
Ende die kurfürstliche Residenz, auch
der St. Martinsburg genannt, der Bi-
chelstein an der festen Schanze, das Ja-
kobskloster unschließend, das stattliche
Jesuittenkollegium, der Neubau, das
Rathhaus, die wohlbefestigte und herrliche
Gustavsburg an der Einmündung des
Main in den Rhein, wurde gegen Ende
September 1688 von den Franzosen über

setzt, und zwar in Folge der Nachgiebigkeit
des gutmüthigen Kurfürsten, der dadurch
den Einwohnern größere Schonung zu ver=
schaffen hoffte. Die Feinde hatten ihm in
dieser Beziehung die feierlichsten Versprech=
ungen gemacht. Der Kurfürst hatte sich nach
Steinheim zurückgezogen.

Die Franzosen brachen die Schiffbrücke
ab, um einen Ueberfall der verbündeten Deut=
schen zu verhüten. Im November des ge=
nannten Jahres kamen eine Menge leerer
Wagen, um Geraubtes fortführen zu können,
und bald darauf der General Moncles per=
sönlich, um die sauberen Vorbereitungen zu
besichtigen. Im Dezember ging's los. Sie
stahlen alle vom Kurfürsten zurückgelassenen
Sachen und theilten sie unter sich; dann
nahmen sie die Bürgerschaft in Eid und
Pflicht, und forderten von ihr, innerhalb
von 8 Tagen eine Contribution von 80,000
Reichsthalern zu erlegen, und wegen des
Vorrathes von Weinen überdieß mo=
natlich 13,000 Thaler zu bezahlen. Zu=

gleich wurden von allen Schulzen des Gebie-
tes Contributionsbriefe ausgeschrie-
ben. An der Befestigung der Stadt arbei-
teten täglich 4000 Mann, und die Natu-
zischen armen Unterthanen mußten ihnen aus
einer Entfernung von sieben Meilen Pali-
saden ohne alle Vergütung zuführen.

Die kurfürstliche Residenz war von
ihnen ganz ausgeplündert; die Möbel der-
selben wurden theils zertrümmert, theils auf
dem Trödelmarkte verkauft, aus den
zerschlagenen Marmor-Portalen und Fuß-
gestellen die eisernen Kloben gerissen; die
sehr schönen Pferde und Galawägen des
Kurfürsten öffentlich versteigert gegen Baar-
zahlung; das bei der Kammer gefundene
Geld geraubt; die in den Schloßkellern befindlichen kurfürstlichen Cabinetsweine an
sichere Orte abgeführt; viele Häuser und
Thürme wegen der Befestigungsarbeiten ein-
gerissen, und das ganze Land durch fortdau-
rende Gelderpressungen ausgesogen. Die Residenz wurde zu einem Spital verwandelt,
worin 200 kranke Soldaten lagen.

Während dieser Räubergriffe in Mainz,
hauseten in dem nahen Cassel eingedrungene
3000 Franzosen gar übel, denen aber von
den siegreichen deutschen Verbündeten, den
Brandenburgern, Lüneburgern und
Hessen so tüchtig mit Schlagbomben zu=
gesetzt wurde, daß in einem einzigen Haufe
17 von ihnen getödtet wurden. Ein bis=
her ehrlicher, aber ehrsüchtiger Schulmeister,
ließ sich durch die lügenhaften Verheißungen
der französischen Lockvögel verleiten, ein Ver=
räther und Spion zu werden, der seine
Schandthaten später zu Frankfurt am Gal=
gen büßte, eine Erhöhung, die er sich
gewiß nicht als Frucht seines Verrathes
träumen ließ. Die Franzosen verwüsteten
Cassel durch Brand und Verheerung, wur=
den aber endlich von den tapfern Hessen
vertrieben, welche die Schiffbrücke mit dem
darauf stehenden Blockhause verbrannten,
so daß jene nur noch vermittelst einer flie=
genden Brücke über den Rhein sich retten
konnten. Die französischen Mordbrenner

zündeten im April 1689 Müffelheim bei Mainz an, und wollten auch das dortige Schloß in die Luft sprengen, was ihnen aber nicht gelang, da nur die Kelterei theilweise litt. Die Sachsen kamen, und löschten den Brand, die Mordbrenner aber mußten die Flucht ergreifen.

Um allen diesen Verheerungen ein Ende zu machen, beschlossen die drei berühmtesten Helden und Heerführer der verbündeten Streiter, am 6. Juli 1689, die Belagerung von Mainz, welche achthalb Wochen lang dauerte. Diese drei Heerführer waren: Herzog Karl von Lothringen, Generalissimus des Kaisers, der tapfere Kurfürst Maximilian Emanuel von Bayern und der Kurfürst Johann Georg III. von Sachsen. Am Dienstage den 27. August Nachmittags zwischen 3 und 4 Uhr wurde mit dem besten Erfolge gestürmt, und am 29. August steckten die Feinde die weiße Fahne auf.

Selber erhielt, wahrscheinlich nur zur
möglichsten Schonung des Lebens der deutschen Soldaten, die noch aus 6890 Mann
bestandene feindliche Besatzung einen für sie
allzugünstigen Accord; denn sie durften am
11. September mit allem geraubten
und erpreßten Gute, das sie bisher
diesseits und jenseits des Rheins
zusammengestohlen hatten, mit fliegenden Fahnen, klingendem Spiele und einigen Geschützen abziehen. Der Abmarsch
währte von Morgens 9 Uhr bis Nachmittags 3 Uhr, und geschah auf eine sehr pas-
sende Weise durch das Galgenthor. 10000
Verbündete geleiteten sie nach Landau.

Gegen Ende Mai 1689 haben die französischen Mordbrenner Stadt und Schloß
Bingen, etwa 4 Meilen weit von Mainz,
gesprengt und eingeäschert; so auch Ober-
und Nieder-Ingelheim, und noch viele
andere Orte in der Umgegend. Dann forderten sie mit unverschämten Worten die
Stadt

zur Uebergabe auf, und beschossen sie mit
Bomben, als ihrem Verlangen nicht sofort
entsprochen wurde. Anfangs October 1688
mußte sich die Stadt demüthig ergeben, und
um Gnade flehen. Einquartirungen, Drang=
sale aller Art und Geldforderungen nahmen
gar kein Ende mehr. Ein Bürger von
Kreuznach lag schwer krank, und war
sohin nicht im Stande, das von ihm ver=
langte Geld aufzubringen, hatte früher aber
immer richtig bezahlt. Diesen überfielen die
französischen Räuber in seinem Hause, miß=
handelten ihn, zerschlugen viele Hausgeräthe
und andere Dinge, und zündeten das Bett=
stroh unter seinem Leibe an, so daß der
arme Mann ohne einen zufällig erschienenen
Beistand lebendig verbrannt wäre. Er starb
aber bald darauf. Einen anderen wohlha=
benden Bürger, der mit bescheidenen Wor=
ten seine allzugroße Belastung vorstellte,
prügelten sie elendiglich von seinem Hause
bis auf die Hauptwache, und warfen ihn

dann in's Gefängniß, worin er einige Tage
später gestorben ist.

Die französischen Diebe waren immer
betrunken, und keine Speise ihnen gut ge=
nug. Vom schönsten weißen Brode nag=
ten sie nur die Rinde ab, und warfen die
Krume auf den Boden und in die Ecken
der Zimmer. Das schöne und feste Schloß
Kreuznach machten sie zu einem Stein=
haufen, und die Mauern und Thürme der
Stadt der Erde gleich. Zur nämlichen Zer=
störung war die fürstlich Simmerische
Residenz nebst ihrem prächtigen Garten
bereits ausersehen. So oft es ihnen einfiel,
sperrten sie die angesehensten und reichsten
Bürger der Stadt im Rathhause ein, und
ließen sie nur gegen großes Lösegeld wieder
frei. Allen Bürgern, die es wagen sollten,
die Flucht zu ergreifen, war die Plünde=
rung ihrer Häuser und das Einreissen der=
selben angedroht. Ihre sinnlichen Gräuel=
thaten sind unbeschreiblich. —

Am Morgen des 19. März 1689, am Festtage des Heil. Joseph, wurden auf beiden Plätzen der Stadt zwei überaus große Feuer gemacht, die zwei Klöster mit einer Wache von zwanzig Mann besetzt, und die Auslieferung sowohl ihres eigenen, als auch des dahin geflüchteten Getreides der Einwohner verlangt. Ein Theil davon wurde in die Nahe geschüttet, und vom Wasser verschlungen, bei 2000 Malter, der Rest aber in das zu diesem Zwecke geschürte Feuer geworfen und verbrannt. Zugleich wurde öffentlich bekannt gemacht: „daß jeder Bürger, der mehr als als ein Malter Getreide „besitze, den Ueberschuß auf das Rathhaus „zu bringen habe."

Diese boshafte Zerstörung des zum Lebensunterhalte bestimmten Getreides wurde am andern Tage fortgesetzt; die Juden mußten ihre Vorräthe eigenhändig in den Fluß schütten. Arme Leute, die um Gotteswillen baten, ihnen nur eine Handvoll davon zu schenken, erhielten nichts. Am

andern Tage erschien der höhnische Befehl:
„das Uebrige unter diejenigen zu vertheilen,
„die nichts hätten." Die armen Landleute
von Simmern, Morbenstein und an=
dern von dem Hunbsrück bis nach Kreutz=
nach hin zur rechten Seite gelegenen Or=
ten mußten all' ihr Getreide dahin bringen,
und in den beiden Feuern verbrennen, die
auf dem Eiermarkte und Kornmarkte mit
Heu und Stroh waren aufgeschürt worden.
Weil aber das Feuer nicht recht brennen
wollte, sondern nur dumpfig glimmerte,
so mußte es gleichfalls in die Nahe ge=
schüttet, und in die Tiefe des Flusses ge=
schwemmt werden.

Ein französischer Soldat, der bei diesem
Feuer Wache hielt, erbarmte sich seines
Wirthes, der viele Kinder, aber kein Brod
hatte, und ließ ihm einen Sack mit Korn.
Sein Offizier gewahrte dieß, packte ihn, stieß
den Kopf des Soldaten an die Mauer, trat
ihm alle Zähne in den Hals, und schlug

ihn so heftig, daß er keinem Menschen mehr
ähnlich sah.

Die franzöſiſchen Verheerer ließen auf
4 Meilen umher, und über dem Rhein,
allen Samen auf den Feldern um-
ackern, und die Wieſen umhacken,
damit für Menſchen und Vieh keine
Nahrung mehr zu finden ſein möge.
Mitte April wurden 9 Perſonen, Bedien=
ſtete und Bürger von Kreuznach, Strom=
berg und Simmern nach Homburg
und Maïnz gefangen weggeführt, nur um
Löſegeld zu erpreſſen, und als dieſes nit
großer Mühe erlegt war, erſt noch weitere
7000 Fl. gefordert. Sie zerſtörten den
Thurm am Rüdesheimer Thore, und bald
hernach den ſchönen Thurm am Lagerthore,
und die übrigen Mauerwerke, wollten ſich
auch bereits an das Schloß und die Brücke
machen, als ſie Anfangs Juli von den Kai-
ſerlichen und Lüneburgiſchen angegriffen wur=
den, die ihnen 1500 Mann tödteten, da=
runter den Marquis Ramonde und fünf
Hauptleute des Regiments Royal. Leider

war die grausame Mordbestie, General Melac, dessen fluchbeladener Name späterhin
auf Hunde sich vererbte, die als gute
Thiere eine solche Beschimpfung wahrscheinlich nicht verschuldet hatten, nur ver-
wundet, aber nicht getödtet, und mit einigen Wagen voll Verwundeten nach Straßburg gebracht worden.

Die Feinde mußten Kreuznach räu-
men, und wurden an einem andern Orte
in dieser Gegend auch von den tapferen
Sachsen so tüchtig geklopft, daß sie bei
500 Todte in den Rhein warfen, um ihren
Verlust zu verbergen. Ende November kamen sie wieder, zerstörten vollends das bisher erhaltene schöne Schloß, die Klöster
und Kirchen, und deckten alle Häuser bis
auf ein Stockwerk ab.

Die würdigen Spießgesellen des General
Melac waren Türenne, Crequi, der
grausame Mignort, der nordbrennerische

Graf von Bülly, der schreckliche la
Brosse, und der brandwüthende Vequier:

Die Stadt

Bacherach

haben sie zwar nicht angezündet, aber der-
gestalt ausgeleert, daß selbst der französische
Gouverneur im Schlosse daselbst sein Nacht=
lager auf Stroh nehmen mußte. Die
Einwohner wurden im Juni 1689 von den
verbündeten Reichstruppen befreit; nachdem
nun die Pfalz jenseit des Rhein, bis
auf Bacherach und dessen Umgebung, mei=
stentheils geplündert, abgebrannt oder sonst
jämmerlich ausgesogen war; daß in vielen
Häusern allein über 50 Kinder, ungerech=
net die alten Leute, gefunden wurden.

In der Stadt

Ober-Wesel

hatten die Verwüster im März 1689 das
Schloß gesprengt und die Stadtthürme ab=
gebrannt; dann mit großem Raube sich ge=

gen Sauerberg gewendet, um auch die=
sen Ort zu zerstören, wurden aber, 500
Mann stark, von den muthigen Hessen
unter Beistand der Bauern, angegriffen
und geschlagen, wobei sie sehr viele Offiziere
und Gemeine, und ihre ganze Raubbeute
verloren. Wenige Tage später kamen sie
wieder, legten den Rest der Stadt vollends
in Asche, und machten sie dem Boden gleich.

Vergebens hatte ein französischer Abge=
sandter aus Bonn durch lockende Ver=
heißungen Mitte October 1688 die Stadt

Coblenz

zur Aufnahme einer französischen Garnison
zu bereden gesucht. Die Feinde schritten
zur Belagerung. In der Stadt lagen 8 bis
900 Wehrfähige unter dem Commando des
tapferen Grafen von der Lippe, Gene=
rallieutenants von Hessen=Cassel, der
immer mit etwa 70 Pferden persönlich Re=
cognoscirungen vernahm, wobei es zu ver=

schiedenen Gefechten kam, und viele Ge=
fangene in die Stadt gebracht wurden. Die
Feinde schlugen eine stehende Schiffbrücke,
und drei Lager vor Coblenz, und kano=
nirten und bombardirten unaufhörlich.
Muthvoll erwiederten die Belagerten; welche
erfuhren, daß bereits 12000 Mann zu ihrem
Entsaße bei Gießen stünden; das feind=
liche Feuer, durch welches die schöne Stadt
so übel zugerichtet wurde, daß fast keine
Kirche und kein hübsches Haus darin ganz
blieb.

In einer Stunde flogen 200 Bomben
in die Stadt, von denen eine in das fürst=
liche Schlafzimmer fiel, zum größten Schrek=
ken des Kurfürsten. Während dieser gräu=
lichen Beschießung machte der kühne Com=
mandant, Graf von Le Lippe, einst
einen überraschenden Ausfall, tödtete viele
Franzosen, und kehrte mit einer Menge
Gefangener glücklich zurück. Aber nach und
nach glich die Stadt einer durchlöcherten
Laterne, und zählte kaum mehr 150 Häuser.

Das zunehmende Elend steigerte nur den Muth der Besatzung und der Bürger, welche von keiner Uebergabe hören wollten, sondern vielmehr schwuren, lieber mit den Waffen in der Hand zu sterben, als sich unter das schimpfliche Joch der französischen Tyrannei zu beugen. Sie ließen sich nicht erschüttern durch das unaufhörliche Schreien und Weinen ihrer Weiber und Kinder, als 15 halbe Carthaunen und 12 Mörser unaufhörlich donnerten, am 7. November 200 glühende Kugeln gegen die Residenz in die Stadt flogen, welche an vier Orten einen fast unlöschbaren Brand verursachten, und am 8. November die Gluth in der Stadt so gewaltig wurde, daß die Bürger und Soldaten nicht mehr darin bleiben konnten, sondern auf die Wälle ziehen mußten.

Ihr Muth blieb aber ungebrochen, denn sie waren Deutsche, wie sie sein sollten.

Die Belagerten setzten das Feuer fort

am 10, 11, 12 und 13 November, und
überschütteten die Residenz mit Bomben,
von denen eine sogar, jedoch ohne Schaden, in die äußerste Festung Ehrenbreit-
stein fiel. Am Erfolg verzweifelnd, verbrannten sie am 14 November ihr Lager
auf dem Carthäuserberge, und zogen rhein-
aufwärts fort, nachdem sie 6000 halbe und
dreiviertel Carthaunenkugeln nebst 4000
Bomben verschossen hatten. Der tapfere
Commandant, Graf von der Lippe,
setzte ihnen nach, tödtete viele, erbeutete
zwei französische Schiffe mit Proviant, Ta-
bak, Butter, Geld und anderer Waaren,
vertheilte sofort den Schatz unter die Bürger und Soldaten, und ließ die übrigen
Sachen an die gehörigen Orte bringen.
Einen stärkenden Trunk bekamen die tapfern
Soldaten zur durch 14 Stücke Wein, die
die Franzosen zu Wasser nach M o n t - R o -
gal führen sollten, welche Mühe ihnen
aber erspart wurde, und sie nicht mal Zu-
der Sippen in Grunde gingen.

Ruhige verstockte Westerwäldern

Im Städtchen Cochem,

etwa 6 Meilen von Coblenz aufwärts
gelegen, hatten 6 Compagnien Mainzer
und 3 Compagnien Trierer nebst den
mitkämpfenden Bürgern vier Stürme der
belagernden 10000 Mann Franzosen unter
dem Commando des Generals Boufflers,
die auf 4 Kanonen und 8 Mörsern das
Städtchen heftig beschossen, löwenmuthig
abgeschlagen. Doch am 26. August 1689,
Abends 5 Uhr erstürmten die Feinde an
drei verschiedenen Punkten zugleich das
Städtchen unter einem Hagel von Wurf-
geschossen, Alle tödtend, die ihnen in den
Weg kamen, ohne Unterschied, Soldaten,
Weiber, Kinder, selbst Säuglinge.
Das Morden dauerte anderthalb
Stunden; dann plünderten sie die Stadt,
verbrannten sie zu Asche, und schleu-
derten viele kleine Kinder in die
Flamme, worin sie nach kurzem Schreien
und Zappeln zu Grunde gingen. In den
Häusern versteckte Weibspersonen wur=

den vor ihnen niedergeschossen, erstochen, zu=
sammengehauen, die unschuldigen Kin=
der auf den Straßen gespießt, oder
lebendig zu den Fenstern hinaus
in das Feuer geworfen.

Sie stürmten das Kapuzinerkloster, und
ermordeten darin sämmtliche Kapuziner
und gegen 400 Personen, die sich dahin
geflüchtet hatten, Bürger, Weiber, und
Kinder, ungerührt durch ihr kläffälliges
Flehen um Gnade, auf die grausamste Weise.

Der tapfere Commandant, Bakom vom
Grabsch, wehrte sich noch heldenmüthig
drei Stunden lang auf der Straße, obwohl
er schon zwei Schußwunden erhalten hatte.
Er nahm den ihm angebotenen Pardon nicht
an, und die Feinde tödteten ihn dennoch
nicht, sondern nahmen ihn gefangen, um
eine größere Rache an ihm auszuüben, weil
er ein Jahr zuvor den französischen Gesand=
ten zu Mainz, Herrn von Fouger,
prügeln wollte, und den König von

Frankreich einen Meineidigen und Tyrannen
soll genannt haben. Er wurde mit andern
Offizieren nach Mont=Rogal geführt.

Durch alle Gräuel noch nicht gesättigt,
zündeten sie die Stadt an allen Orten und
Enden an, zogen die Soldaten, welche sich
doch erboten hatten, Dienste unter ihnen
zu nehmen, ganz nackt aus, so auch jene,
welchen nach verkündetem Pardon das Le=
ben gelassen wurde, koppelten sie wie Vieh
zusammen, und trieben sie an die Mosel
auf die Wiesen, wo sie die Jungfrauen und
jungen Frauen heraussuchten, und sie in
Gegenwart ihrer Männer, so wie der Ka=
puziner und anderer geistlichen Ordensper=
sonen mit viehischer Lust ungescheut miß=
brauchten.

Während des schrecklichen Mordens kam
Niemand aus der Stadt, mit Ausnahme
eines zwölfjährigen Mädchens, das sich nackt
durch die Pallisaden drängte, und den in
die umliegenden Berge und Felsen geflüch=

teten armen Leuten das schreckliche Schick=
sal der Einwohner von Cochem weinend,
schluchzend und zitternd erzählte. Das Städt=
chen war vielmehr ein blutgetränkter Aschen=
haufen.

Das Städtchen Mayen wurde sammt
der kurfürstlichen Burg abgebrannt; so auch
Kaisers=Esch und andere Orte, nebst
dem Städtchen Gehl, wo sie alle Mauern
niederrissen, die Thürme sammt den vor=
nehmsten Häusern in die Luft sprengten und
der Erde gleich machten.

Die Reihe kam auch an die Stadt

Trier.

Anfangs Oktober 1688 kam der Mar=
schall d'Humieres mit einigen hundert
Pferden in den benachbarten Dörfern an;
die Soldaten plünderten die Häuser, schlach=
teten alles Vieh, und hieben die Früchte
auf dem Felde ab. Alle Vorräthe von Früch=

ten und Wein wurden weggenommen, und
überdieß Contributionen verlangt, und zwar
von der Stadt Trier 9700 Gulden, von
dem Amte Saarburg 30,000, von dem
Amte Münster, 40,000, von Cochem
32,000, von Cell 35,000, von den übrigen
Orten verhältnißmäßig. Davon sollte die
Hälfte am 1. Januar 1689, und der Rest
im Februar bezahlt werden, bei Vermeidung der Verwüstung durch Feuer und
Schwert.

Gegen Ende Februar schleppten sie die
vornehmsten Leute aus den Städten, Flecken
und Dörfern nach Luxemburg und Metz,
um die Brandschatzungen sicherer einzutrei-
ben. Im März kamen Mantal und Crequi, umritten die Stadt, und schieden mit
dem Befehle, die Mauern zu schleifen, zu
welchem Geschäfte 2000 Mann eintreffen
sollten. Als einst einige Schweizer-
bataillons auf ihrem Durchzuge in Trier
durch die sogenannte Brodgasse marschirten,
und bei dem Eingange in dieselbe das Wappen

des Königs von Frankreich an dem könig=
lichen Hause hangen sahen, bewarfen sie es
mit Koth und Steinen, auch hätten sie es
heruntergerissen, wäre es nicht zu hoch an=
gebracht gewesen.

An einem andern Hause, von einem
französischen Gastwirthe bewohnt, erblickten
sie einen Schild à la table royale, auf wel=
chem der König von Frankreich an einem
mit Speisen für ihn besetzten Tische sitzend
gemalt zu sehen war. Diesen Schild zer=
trümmerten die Schweizer mit Steinwürfen,
und die im Gastzimmer befindlichen Offi=
ziere durften sich nicht sehen und hören
lassen; so sehr verachteten die tapferen
Schweizer den König von Frankreich.

Mit dem Abbrechen der Stadtmauern
begannen die Feinde am Chärfreittage.
Als alle Mauern und Thürme gänzlich
niedergerissen, die beiden steinernen Brücken,
eine 490, die andere 2400 Jahre alt, bis
auf den Wasserspiegel abgebrochen waren,
und die ganze Stadt einem Dorfe glich,
worin die Verheerer selbst sich nicht mehr

3

sicher wußten, zogen sie theilweise ab; allein
ihre im Monate Juni ertheilten abscheulichen
Befehle drohten noch immer mit Brand und
Plünderung, und diesem äussersten Elende
entging die Stadt Trier nur durch die
schon früher erzählte Einschreitung der Frau
von Maintenon, Gemahlin des Königs
von Frankreich.

Im Monate August kam der Marquis
von Boufflers, ließ alle Früchte auf
dem Felde und in den Scheunen wegnehmen,
und die Dörfer rein ausplündern. Den
Bürgern in Trier wurde Alles geraubt,
und ihnen sowohl als den Bauern bei To-
desstrafe verboten: „künftig in dieser
Gegend die Felder anzubauen!"

Im Mai 1689 wurde einst um Mitter-
nacht die Stadt

Andernach

an sechs Stellen zugleich angezündet, während General Surdis mit 3000 Franzosen
zum Schutze der Mordbrenner einen benachbarten Berg besetzt hielt. Von 300 Bür-
gershäusern blieben nur 74 stehen. Die in

der Stadt streifenden Dragoner verhinderten das Löschen; die Zugbrunnen wurden zugedeckt, die Springbrunnen durch Abhauen der Röhren ruinirt, und die zwei durch die Stadt fließenden Bäche abgegraben. Elf Dragoner mißhandelte einen Bürger, welcher seine Kellerthüre mit Erde beschütten wollte. Dem Bürger ging die Geduld aus; wüthend versetzte er dem Dragoner mit der Art einen Hieb in den Kopf, riß ihn vom Pferde herab, und warf den noch Lebendigen in das Feuer hinein. Gleiche Gesinnung der übrigen Bürger hätte die ganze Stadt vor Plünderung und Brandruin bewahrt.

Die Feinde haben auch das berühmte Schloß Rheineck, eine halbe Stunde unterhalb Andernach, bis auf den Grund gesprengt, und das Städtchen Münster nach zweimaliger Plünderung abgebrannt. In der Stadt Bonn lag eine Garnison von 8000 Mann Franzosen, welche alle Mahlmühlen in der Gegend

3*

abbrechen, und die Mühlsteine in kleine Stücke zerschlagen ließen, damit die verbündeten Truppen sich ihrer nicht sollten bedienen können. Es wurden auch vom Feinde ausgesendete Schurken erwischt, welche im Juni das blühende Korn auf dem Felde abmähten. Man sperrte sie wie Vieh in einen Stall, und warf ihnen zur Strafe grünes Gras vor, mit dem sie sich sättigen sollten.

Die eigentliche Belagerung begann gegen Ende Juli 1689 mit 140 Geschützen, ohne Einrechnung der Mörser. Mitte August wurde einst der große Thurm sammt Kirche, das Münster genannt, in Brand geschossen. Nach dem heftigen Sturme vom 9. Oktober baten die Franzosen um Accord, worauf die Capitulation auf Mittwoch den 12. Oktober 1689 erfolgte. Sie erbettelten noch die Ehre, mit fliegenden Fahnen und klingendem Spiele ausziehen zu dürfen. Alles Geraubte mußte zurückbleiben; nur 16 Wagen mit Kranken und Verwundeten führten sie mit sich. Von 8000 Mann zählten sie nur noch 1000 Mann. Ihr tödtlich blessirter Commandant Asfeld wurde in das Bad zu Aachen gebracht, wo er auch starb.

Am 19. Dezember 1688 Nachts 2 Uhr, wurde das Städtchen

Siburg

mit Abtei und Schloß, 3 Stunden von Cöln, von 2000 Franzosen überfallen und eingenommen. Mit den Bürger gingen sie tyrannisch um. Drei Weibspersonen zogen sie nackt aus, knüpften sie mit den Haaren aneinander, und hieben sie erbärmlich mit Ruthen. Mit Raub beladen flohen sie bei dem Heranrücken der Brandenburgischen Truppen.

Die Stadt

Offenburg

im Breisgau gerieth im September 1688 in die Gewalt der französischen Verheerer, die im Februar 1689 mit den Einwohnern schrecklich umgingen. Die Bürger mußten bei dem Herausreißen der Fensterstöcke aus den Häusern, bei der Sprengung der Auf=

senwerke, und bei allen Zerstörungen, ver=
anlaßt durch 15 aufgeflogene Minen, un=
aufhörlich arbeiten. Kurze Zeit kamen die
Kaiserlichen in den Besitz der Stadt; dann
erschien der französische Marschall Duras,
und ließ durch 5000 Bauern, bewacht
von 2000 Reitern, die von den Kaiserlichen
neuerbauten Werke, so wie die übrigen alten
Mauern und Thürme bis auf den Grund
zertrümmern, und die Stadt vollends zu
einem Stein= und Aschenhaufen machen.
Die Verwüster wollten auch das Städt=
chen

Oberkirch

am Rhein, gegen den bekannten Berg Knie=
bis zu, 6 Stunden von Straßburg, über=
rumpeln und ausplündern. Die Besatzung
von 100 Mann befehligte der tapfere bay=
erische Hauptmann Becken, der lautlos
die Feinde bis an das Thor vorrücken ließ,
und sie dann, vereint mit den in der Stadt
liegenden Bauern, mit einem so kräftigen
und wohlgezielten Feuer empfing, daß ihrer
300 auf dem Platze blieben, und gegen

40 Todte und verwundete Offiziere gezählt
wurden, unter letzteren auch der General=
Inspektor, welcher nach wenigen Tagen an
seiner Wunde sterben mußte; den meisten
von den andern Verwundeten ging es ebenso.
Diesen Schimpf hatte später General Mon=
clas mit 10,000 Mann an den Oberberg=
kirchen zu rächen gedroht, aber vergebens.

Das Städtchen,

Lichtenau

wurde von den mordbrennerischen Feinden
im August und September 1689 in Asche
gelegt, ebenso die Stadt

Hagenau.

Im badischen Städtchen

Stollhofen

hatten sie im Januar 1689 die Stadtmau=
ern abgebrochen, und die festen Thürme
gesprengt. Im Juli wurde das Städtchen
von den churbayerischen Truppen wieder
ziemlich befestiget, die Befestigungswerke aber
im August von den Franzosen durch 3000
herbeigetriebene Bauern wieder geschleift.

Die Residenzstadt

Baden

hatte im Januar 1689 den Franzosen 25000 fl. Brandschatzung und 45,000 fl. Winterquartiergelder bezahlt. Dennoch wurde die Stadt von den treulosen Verwüstern, die mit 12,000 Mann zu Fuß und 15,000 Reitern in dem Ländchen herumstreiften, und an den Leuten die grausamsten Gewaltthätigkeiten verübten, eingeäschert.

Um wenigstens Leib und Leben zu retten, flohen Viele, wenn es ihnen gelang, den räuberischen Franzosen zu entrinnen, aus der Residenzstadt

Durlach

in die Wälder. Mit Kopfbündeln, das werthvollste Eigenthum enthaltend, waren Viele in die Kirche gezogen, in der Hoffnung, unbelästiget auswandern zu dürfen. Sie wurden aber in die Kirche eingesperrt, die Stadtthore verschlossen, die angesehensten Bürger paarweise wie Vieh gekoppelt, und neben den Pferden an Stricken fortgeschleppt, das sehr große Getreid= und Weinmagazin geplündert, sechs schöne halbe Carthaunen,

zur Belagerung von Mainz bestimmt, fort=
geführt, endlich die Stadtgebäude in Asche
gelegt, Schloß und Residenz angezündet,
und durch Minen in die Luft gesprengt.
Jammernde Eltern liefen im Lande herum,
ihre Kinder zu suchen, verlassene Kinder
wehklagten um ihre Eltern.

In der Residenzstadt

Stuttgart

hauseten die französischen Räuber fürchtbar
im Dezember 1688 und im Januar 1689.
Sie drängen gewaltsam durch das Thor
hinein, fanden Widerstand, der ein Gemetzel
veranlaßte, insbesondere in der sogenannten
Hauptstädtergasse, wobei auch die
Stiftsprediger Helles und Pröbsten
viel auszustehen hatten, und der Kammer=
rath Faust einen gefährlichen Schuß erhielt.

In der Stadt

Tübingen

haben die Franzosen 5000 Eimer Wein ver=
schwenderisch verzehrt, und die Leute gezwun=
gen, täglich Geld herzugeben, so daß mancher
Bürger in wenigen Tagen 100 Reichsthaler

zahlen mußte. Die Feinde kosteten der Stadt 52,000 Gulden, ungerechnet 6000 fl., welche die Universität beitrug. Dennoch wurde mit Plünderung gedroht. An mehrern Orten wurden die Stadtmauern geschleift und gesprengt; das Schloß entging der nämlichen Zerstörung durch ein unrichtiges Auffliegen der Minen, wobei 8 Minirer umkamen.

Weiblicher Heldenmuth rettete die württembergische Festung

Schorndorf,

als der General Monclas mit 1100 Mann sie belagerte und durch Drohungen zur Uebergabe zwingen wollte.

Die muthigen Weiber widersetzten sich diesem Vorhaben, und ermahnten zur standhaften Gegenwehr. Ein vornehmer Herr wollte dem Commandanten in Schorndorf im Namen der Regierung befehlen, den Ort an die Franzosen zu übergeben, erhielt aber von jenem die Antwort: „daß „er bereit wäre, lieber zu sterben, als „einen so wichtigen Platz auf feige Weise „zu übergeben." Die Weiber waren so

ergrimmt über ihren Herrn, daß sie in
Stücke ihn zerrissen hätten, wäre er nicht
von der Garnison dadurch gerettet worden,
daß er zu seiner Sicherheit in enge Haft
gebracht wurde. Nach einer Belagerung
von 2 Tagen mußten die Feinde mit Schimpf
und Spott abziehen, da auch schon die tapferen Schwaben, und andere Hilfstruppen
heranrückten.

Das Städtchen

Canstadt

wurde durch unerhörte Brandschatzungen ausgesogen; die Reichsstadt

Eßlingen

völlig ausgeplündert; die Franzosen haben
die Mauern zertrümmert, das Schloß un-
terminirt, 71 Geschütze und 900 Doppel-
haken fortgeschleppt; Schloß und Festung

Aschberg

durch Ränke und Schwänke bekommen, das
auf einige Tonnen Goldes gewerthete Ge-
schütz weggeführt, alle Fenster eingeschlagen,
theilweise angezündet, geplündert und verwüstet.

Nach tapfern Widerstande der Bürger
der Reichsstadt.

Heilbronn

mußten sie, als die Franzosen wieder erschienen mit 3000 Mann, 4 Mörsern und
4 Geschützen, am Freitage den 15. Oktober 1688 sich zum Accord herbeilassen. In
jedem Hause lagen 15 bis 20 Reiter, als
nach wenigen Wochen weitere 3500 Mann
angekommen waren. Die Bürger selbst
mußten Heu, Stroh und Pech auf ihre
Speicher bringen; die besten Weine wurden
geraubt und nach Straßburg geführt,
so auch andere Vorräthe aller Art; die
übrigen Weine ließen sie in den Kellern
auslaufen. In einer Kirche standen Pferde;
alle Mauern und Thürme waren unter-
minirt; mehrere entflohene und wieder ein-
geholte Bürger wurden umgebracht oder
jämmerlich gemartert. Den Glücklichsten
blieb nur der Bettelstab! —

Bei der Nachricht von dem Anmarsche
der Verbündeten, ließen sie mehr als 30 Minen auffliegen. Die Hafenmarktskirche mit

noch 16 Häusern standen in Flammen bis
an den Würtembergischen Hof hin. Das
Rathhaus war zur Hälfte abgebrannt. Raths-
herren, und andere Personen wurden wie
Transportvieh gekoppelt, und als Geisel
fortgetrieben. In feuchten Gewölben lagen
sie ohne Stroh, von Mäusen und Ratten
gequält, und im Juni 1689 mit nach här-
terem Loose bedroht, wenn nicht innerhalb
14 Tage 20,000 Reichsthaler in Basel für
ihre Freigebung bezahlt würde.

Die Residenzstadt

Heidelberg

fiel durch List in die Gewalt der Verheerer,
welche eine Brandschatzung von 50,000 fl.
eintrieben. Am 18. Januar 1689 kamen
französische Minirer, um den am Schloße
erbauten festen und sehr schönen Thurm,
an welchem in goldenen Buchstaben die
Worte zu lesen waren: „Oppugna oppug-
natores meos." („Bestreite meine Bestreiter")
zu untergraben, und in die Luft zu sprengen. Alle Thürme und Schanzen wurden
ruinirt, alle Fruchtbäume um die Stadt

herum angezündet, die Leute sämmtlich durchstochen, und theilweise noch lebendig nebst vielen Kindern in das Feuer geworfen. Der Mordbrenner Melac ließ am 28. Januar 1689 in den Ortschaften Rohrbach, Leimen, Nußloch, Wieseloch, Kirchheim, Bruchhausen, Eppelnheim, Wiblingen, Göllheim und Neckarhausen, ungeachtet sie ihre Brandschatzung bezahlt und die verlangten Früchte und Fourage richtig geliefert hatten, nach vorheriger Plünderung, 700 Gebäude mit den Mobilien und vielem Vieh verbrennen, und Löschende in das Feuer werfen.

Viele schwängere Weiber und junge Mädchen, die außerhalb der Stadt auf den Straßen in ihre Hände geriethen, entehrten sie, und hieben sie dann in Stücke, welche sie unter freiem Himmel liegen ließen. Man fand auch viele Personen, denen Nasen, Ohren, Finger und andere Glieder abgeschnitten waren, welche die Zucht zu nennen verbietet. Ein Fischer von Heidelberg wurde mit seiner hochschwängern Frau auf seiner

Flucht nach Handschuchsheim von diesen Teufeln ertappt, die Weibe mit dem Bajonnete erstochen, den Leib der Frau aufrissen, und diese sammt der Frucht ihres Leibes auf offener Straße liegen ließen. In Handschuchsheim und Umgebung tödteten sie alle Personen, die ihnen in den Weg kamen. Einen siebenzigjährigen Greis hatten sie nackt ausgezogen, auf den Kopf gestellt, bei den Beinen gepackt, und mit dem Kopfe gegen den Boden gestoßen; viele alte Männer von 60 bis 80 Jahren wie Hasen niedergeschossen; im Waisenhause geplündert und alles ruinirt, und zwei Männer nebst einer Frau mit ihrem kleinen Kinde, die sich unter eine Bettlade verkrochen hatten, zugleich mit dieser lebendig verbrannt.

Im Februar 1689, bei dem Heranrücken der Bayern und Sachsen, verließen die französischen Barbaren die ganz ausgeplünderte und an vielen Stellen unterminirte Stadt Heidelberg, und Anfangs März auch das Schloß, wohin sie sich zurück=

gezogen, wornach sie die Minen springen
ließen, und diese uralte Residenz in einen
Aschenhaufen verwandelten.

Der fluchwürdigste Zerstörer war der
französische General Melac, ein einge-
fleischter Teufel. Bei ihm war keine
Gerechtigkeit zu finden. Die Verwüstung
der Städte genügte ihm nicht. Auf den
Dörfern ließ er alles Geflügel, Tauben,
Hühner, Gänse in die Kirchen bringen,
dort schlachten, sieden und braten. Alle
Häuser auf den Dörfern um Heidelberg
mußten rein weggebrannt werden, damit
nur kein Deutscher sich darin aufhalten
könne. Viele Erwachsene und Kinder ließ
er zugleich damit verbrennen, und Soldaten, welche Erbarmen erzeigten, entweder niederschießen, oder lebendig
in die Flammen werfen. Todte
blieben nackt auf den Straßen liegen, von
den Feinden mit Füßen getreten, oder mit
brennendem Strohe bedeckt, daß sie wie
Schweine gesengt wurden. Melac zeigte
seine höllische Verruchtheit, als zur Zeit

der Verheerung bei Worms sein Lieb=
lingshund verendete, indem er unter den
furchtbarsten Drohungen einen Pfarr=
herrn zwingen wollte, seinem Hunde eine
Leichenpredigt zu halten! Der würdige
Geistliche erklärte standhaft, lieber sterben,
als einen solchen Frevel begehen zu wollen.
Dennoch mußte der Hund unter Glo=
cengeläute begraben werden.

Im Städtchen

Neckargmünd

mußten die Bürger ihre Mauern mit eige=
nen Händen niederreißen; die Franzosen
traten das Brod mit Füßen, warfen das
Fleisch hinter die Thüre, und ließen den
Wein im Keller auslaufen.

Der tapfere Commandant von

Mannheim,

Herr von Selgenkron, war entschloßen,
sich auf's Aeußerste zu wehren, als mit
Ende Oktober 1688 auf Mannheim und
Friedrichsburg, eine Cittadelle bei Mann=
heim, zugleich geschoßen und gestürmt wurde.
Die enge Einschließung der Stadt hatte

3**

17 Tage, die unaufhörliche Beschießung 3 Tage lang gedauert, und eine Zahl von mehr als 500 Bomben einen großen Theil der Stadt in Asche gelegt. Dadurch verloren die Bürger den Muth zu fernerem Widerstand, und hatten keine Weiber, wie die tapfern Frauen zu Schorndorf, sie zu ermuthigen und selbst Hand anzulegen. Die Mannheimerweiber rannten haufenweise mit Leintüchern auf die Wälle, um sie statt der weißen Fahnen als Zeichen der Uebergabe auszustecken. Die Bürger eilten auf das Rathhaus, und verlangten drohend, die Capitulation einzuleiten. Der Rath wendete sich schriftlich an den oben genannten Commandanten der Festung Friedrichsburg, und brachte es dahin, daß die Stadt Mannheim am 11. Dezember 1688 mit erträglichem Accorde an die französischen Mordbrenner überging. Sehr wenige Soldaten der Stadt zogen in die Festung, um noch zu kämpfen, die Meisten traten in französische Dienste.

Die Belagerer der Festung drohten den

Bürgern von Mannheim, ihre Stadt
zu verbrennen, und sie selbst als Re=
bellen zu behandeln, wenn sie den Com=
mandanten nicht dahin brächten, die Festung
zu übergeben. In dieser entstand eine Ver=
schwörung der Soldaten, welche erklärten,
ohne Bezahlung des rückständigen Soldes
keinen Schuß mehr zu thun. Der Com=
mandant sah sich gezwungen, diese herrliche
Festung mit Accord zu übergeben am 12. No=
vember. Die aufrührerischen Soldaten fielen
über ihn her; die Franzosen mußten ihn
aus ihren Händen erretten. Der Comman=
dant ließ den Dauphin ersuchen, noch
vor seinem Abzuge über die Rädelsführer
Standrecht halten zu dürfen, was auch
gerne bewilligt wurde. Zehn von ihnen
wurden sogleich erschossen.

Die Feinde beschloßen, Stadt und Festung
zu schleifen, und begannen am 20. Dezember
mit den Mauern und Wällen. In der
schönen Eintrachtskirche der Frie=
drichsburg zerstörten sie zuerst die pracht=
volle Orgel, dann zündeten sie die Kirche

an. Hier und in Mannheim war voll=
ständige Plünderung; in dieser Stadt, zu
deren Zerstörung zahlreiche Landleute mit=
wirken mußten, stand Ende März 1689
kein Haus mehr von den schönen neuen,
durch 8 Minen in die Luft gesprengten
Kirchen, sah man kaum mehr den Platz,
wo sie gestanden. In der Eintrachts=
kirche gruben sie die Leiche der Rauh=
Gräfin aus, deren zinnernen Sarg sie nah=
men. Sie wühlten bis zum Grunde hinunter,
um den ersten Grundstein zu suchen, nebst
der darunter befindlichen großen goldenen
Medaille, die sie auch wirklich fanden.
Nachdem nun, selbst Nachts bei Fackelschein,
endlich Alles ruinirt, verbrannt, geschleift
und gesprengt war, schlugen sie auch noch
die Brunnen ein, und verschütteten sie, um
den erhaltenen Befehl zu vollziehen: „in
Mannheim und Friedrichsburg
„keinen Stein auf dem andern zu
„lassen!"

Im Monate November 1688 wurde der
Stadt und Festung

Frankenthal

mit Kanonenkugeln und Bomben tüchtig
zugesetzt. Der Commandant, Graf von
Wittgenstein, wehrte sich tapfer. Ein
heftiger, vom Winde verbreiteter Brand in
Folge der hineingeschossenen Bomben, legte
in kurzer Zeit die französische und holländ=
ische Kirche, das Rathhaus und gegen
60 Häuser in Asche. Darüber erschracken
die Bürger so gewaltig, daß sie keinen Wi=
derstand der Soldaten mehr dulden wollten,
sondern auf Uebergabe drangen, wozu sich
der tapfere Commandant endlich genöthigt
sah, welcher an einem Sonnabend mit flie=
genden Fahnen und klingendem Spiele u.
s. w. nebst zwei Geschützen, in Gegenwart
des Dauphin an der Spitze von 260 Mann,
da die Uebrigen theils sich verstreckt, theils
auch Dienste bei den Franzosen genommen
hatten, und mit seinen Leuten nach Frank=
furt geführt wurde.

Ende Januar 1689 wurden die Aussen=
werke in den Graben geworfen, im März
die sogenannten Thürme Babylons

im Mai alles Korn und Gras um die
Stadt herum abgemäht; im Juni die Ein=
wohner mit dem Verbrennen der Stadt
bedroht. Viele bezahlten schweres Geld für
Päsſe, um fortzukommen. Aber am Rhein
fielen andere franzöſiſche Abtheilungen über
ſie her, und nahmen ihnen all das Ihrige,
was ſie wieder weit über den Werth ab=
löſen mußten. Die Feinde verlangten von
der Stadt 4000 fl. zur Sicherung vor Brand;
Anfangs Juli rannten ſie eines Morgens
mit brennenden Fackeln in alle Häuſer, und
drohten, ſie anzuzünden, wodurch ſie viel Geld
erpreßten. Zum Abſchiede nahmen ſie fünf
Männer als Geißel mit, von denen ſich einer
gleich vor der Stadt mit 8 Reichsthalern los=
kaufte; die andern vier ſchleppten ſie noch
eine Strecke Weges mit ſich, ließen ſie aber
endlich doch auch ohne Löſegeld wieder nach
der Stadt zurückkehren, welche ausnahmsweiſe
von Raub und Brand verſchont blieb.

Außer den genannten sind an beiden deutschen Rheinufern noch über 300 Ort= schaften: Städte, Märkte, Flecken, Dörfer, feste Plätze, Klöster u. s. w. durch List oder Treubruch eingenommen oder erstürmt, mit Mord und Tod verwüstet, ausgeplündert und in Asche gelegt worden.

Im September 1688 warb in der Nähe von Paris, wie die Sage ging, ein Kind geboren mit einer Lilie auf der Stirne und einem Munde auf der Brust, das nach der Taufe dreimal ver= ständlich gerufen hat: „Wehe Frank= reich!" Ueber dieses Ereigniß freuten sich Alle, welche den in diesen Blättern erzählten Jammer überlebten, und hoffte auf diese Strafe teuflischer Gräuel. Die Strafe hinkt nach, wie die Reue, aber Beides bleiben nicht aus. Der spanische Erbfolgekrieg vernichtete Frankreichs höchste Größe; aber seine schrecklichste Strafe begann 100 Jahre später, 1789, mit der ersten, grauenvollen, blutgetränkten Revolution.